뿡, 뿌지직, 쏴아!
이게 무슨 소리일까?

글 이경혜

진주에서 태어나 한국외국어대학교 불어교육과를 졸업했습니다.
현재 동화와 소설을 쓰며,
그림책 번역하는 일을 하고 있습니다.
1992년 문화일보 동계문예 중편소설 부문에
당선되어 본격적으로 글을 쓰기 시작했습니다.
그동안 <마지막 박쥐공주 미가야>,
<유명이와 무명이> 등의 책을 냈습니다.

그림 김소영

서울에서 태어나 동덕여자대학교에서 시각디자인을 공부했습니다.
현재는 프리랜서 일러스트레이터로 활동하고 있습니다.
그동안 <잠자는 숲속의 공주>, <벌거벗은 임금님> 등
여러 그림책에 그림을 그렸습니다.

감수 박시룡

경희대학교 생물학과를 졸업하고 독일 본대학교에서
동물행동학을 전공하여 박사 학위를 받았습니다.
한국교원대학교 생물교육과 교수, 황새복원연구센터
소장을 지냈습니다.
지은 책으로 <와우! 우리들의 동물친구>,
<동물행동학의 이해> 등이 있고,
옮긴 책으로는 <딱새를 속여 번식하는 뻐꾸기>,
<진딧물을 길들이는 붉은개미> 등이 있습니다.
KBS <동물의 세계>, <동물의 왕국>의 감수도 맡고 있습니다.

우리 몸 · 우리 몸의 분비물 **05 뿡, 뿌지직, 쏴아!**

이경혜 글 · **김소영** 그림 · **박시룡** 감수
펴낸곳 **(주)아람키즈** | 펴낸이 **이소영** | 주소 **서울특별시 성동구 성수이로 147, 아이에스비즈타워 2F**
고객센터 **1644-4521** | 팩스 **02-468-5548** | 홈페이지 **www.aramkids.co.kr** | 출판등록 **제2020-000011호**
기획 · 편집 · 디자인 **(주)아람키즈 하늘땅**
ISBN 979-11-6543-514-1 979-11-6543-574-5(세트)

- 눈을 편안하게 해 주는 친환경 식물성 원료인 콩기름 잉크로 인쇄하였습니다.

⚠ 책 모서리가 날카로워 다칠 수 있으니 사람을 향해 던지거나 떨어뜨리지 마십시오.
⚠ 종이에 베이거나 긁힐 수 있으므로 주의해 주십시오.

뿍, 뿌지직, 쏴아!

이경혜 글 · 김소영 그림 · 박시룡 감수

아람키즈

뿡!

이게 무슨 소리죠?

그래요. 바로 방귀가 나오는 소리예요.

여러분 방귀 소리는 뿡이 아니라

뽕이라고요?

내 방귀 소리는 뽀오오오옹이야.
내 방귀 소리는 피식!
내 방귀 소리는 부릉부릉!

공기와 함께 몸속으로 들어간
음식이 몸속에서 소화될 때 생기는
가스가 방귀랍니다.

방귀가 나오는 구멍이 어디인지는 다 알죠?
방귀가 나오는 구멍은 ●●이에요.

방귀를 뀌지 못하면
우리 몸엔 나쁜 가스가 가득 차겠죠?
그러니까 방귀를 잘 뀌어야 돼요.
뽀~옹!

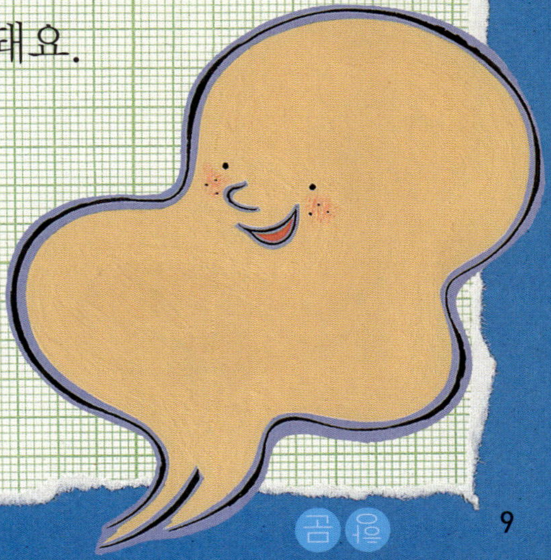

내 똥은 좌르르하고 나와!
나는 끙끙 똥을 누는데!

뿌지직!
이게 무슨 소리죠?
그래요, 바로 똥이 나오는 소리예요.
여러분 똥은 뿌지직이 아니라
푸지직이라고요?

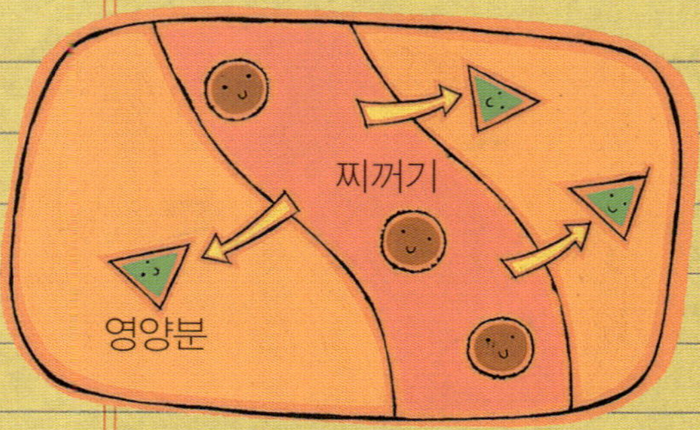

우리가 냠냠 맛있게 먹은 음식에서
영양분을 빼낸 찌꺼기가 똥이랍니다.

똥은 방귀처럼 ●●에서 나와요.

똥을 누지 못하면 우리 몸엔
찌꺼기가 가득 차겠죠?
그러니까 똥을 잘 누어야 돼요.
끄~응!

끄~응!

쏴아!
이게 무슨 소리죠?
그래요. 바로 오줌이 나오는 소리예요.
여러분 오줌은 쏴아가 아니라 졸졸졸이라고요?

내 오줌은 쪼르르 나오는데!
나는 오줌을 쫄쫄 눠!
내 동생은 밤마다 이불에
지도를 그려.

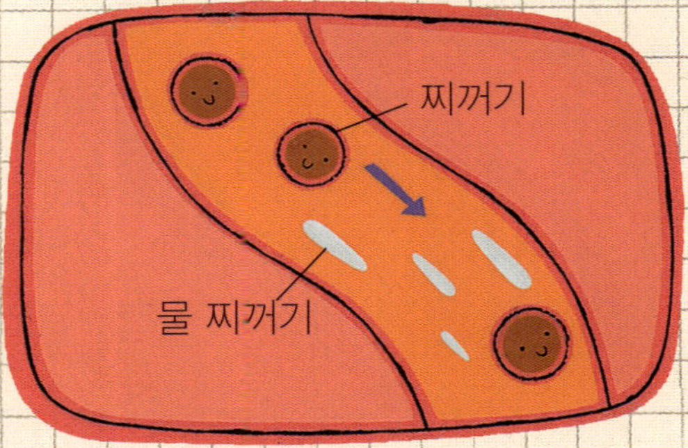

우리 몸속 찌꺼기 중에서
물로 된 찌꺼기가 오줌이에요.

오줌이 어디에서
나오는지는 다 알죠?
오줌은 ●●에서 나와요.

오줌을 누지 못하면 우리 몸엔
물 찌꺼기가 가득 차겠죠?
그러니까 오줌을 잘 누어야 돼요.
쉬~이!

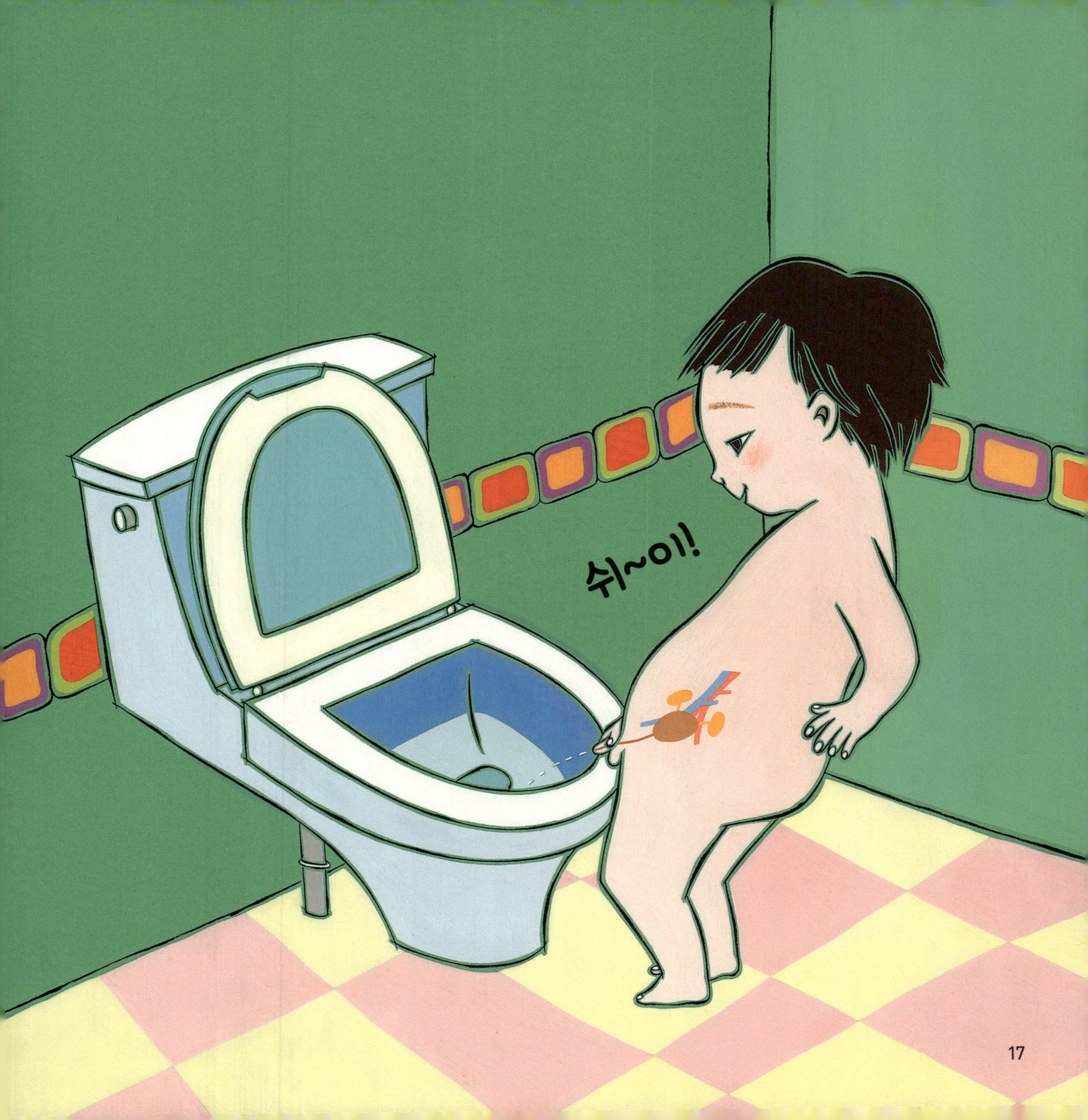
쉬~이!

여름이면 땀이 송글송글 맺혀요.
땀도 오줌과 비슷해요.

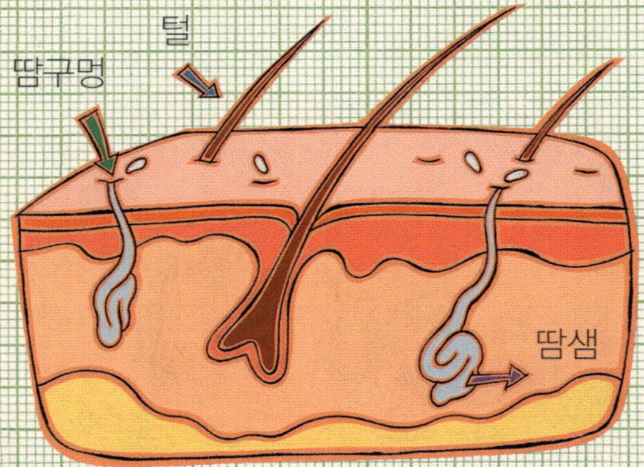

몸속의 물 찌꺼기를
싹 쓸어 담아 나온답니다.
우리 몸이 너무 더워지는 걸
막아 주기도 하고요.

땀은 **땀샘***에서 나와요.
땀샘은 셀 수 없이 많지요.
땀을 흘리지 못하면
우리 몸은 너무 뜨거워져요.
그러니까 땀을 잘 흘려야 돼요.
뻘~뻘!

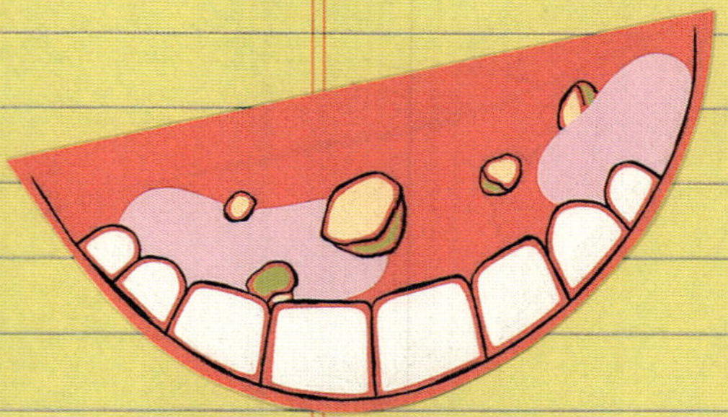

우리 몸에서 나오는 게
다 찌꺼기는 아니에요.
입 안에서 나오는 침은
음식물이 잘 섞이게 도와줘요.

입 속을 촉촉하게 하고
음식물을 쉽게 삼키게 하면서
입 속에 들어온 나쁜 균들도
없애 주지요.

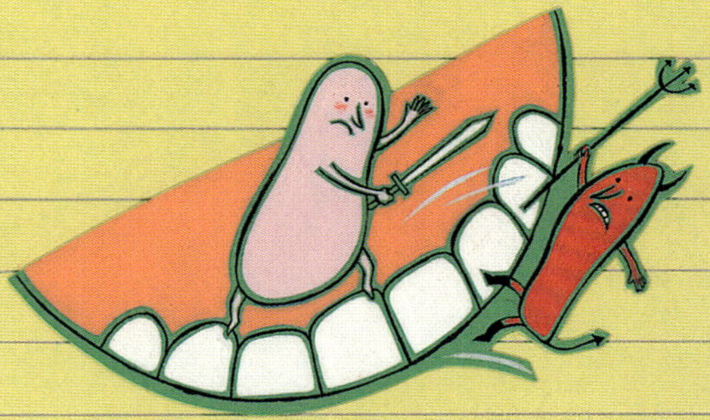

침은 **침샘***에서 나와요.
입 안에 여러 개가 있지요.
침이 나오지 않으면 소화도 잘 안돼요.
그러니까 침도 잘 나와야 돼요.
질~질!

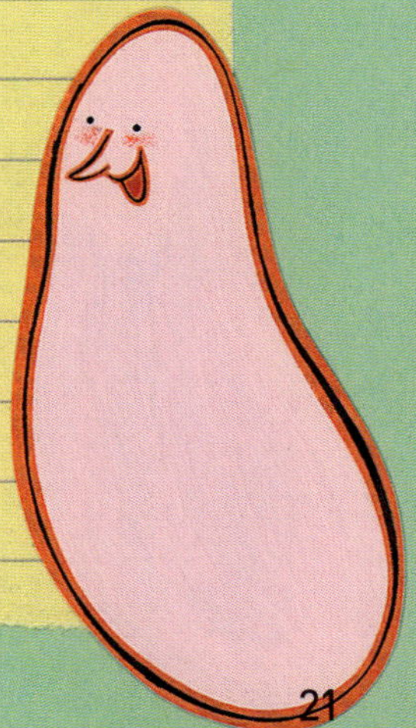

슬플 때면 우리는 엉엉 울어요.
그럴 때 흐르는 눈물은
우리 몸을 도와주지요.
눈물을 흘리면 마음이 개운하거든요.

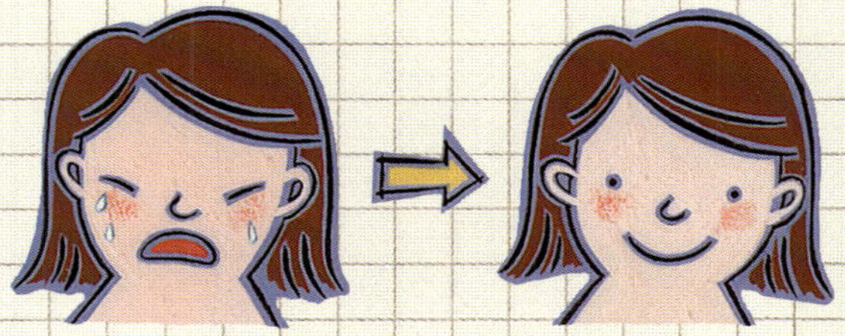

양파처럼 매운 냄새가 눈동자에 닿거나
먼지가 눈에 들어올 때도
눈물이 나와 씻어 주지요.

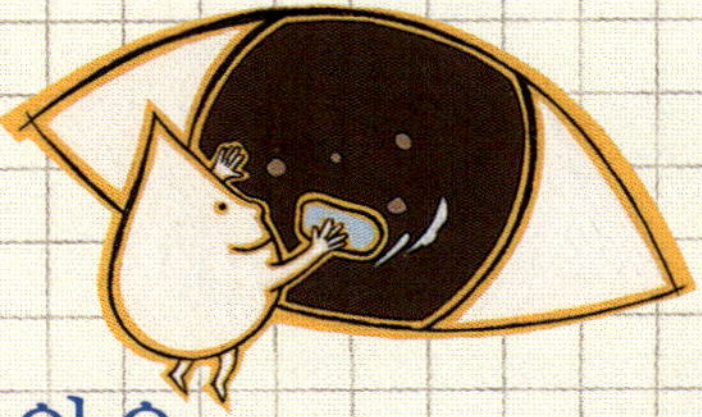

**눈물은 눈물샘*에서 나와요.
눈꺼풀 위쪽에 있지요.**

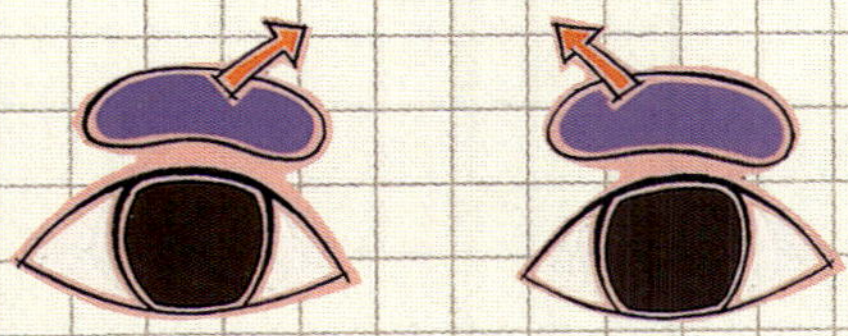

눈물이 나오지 않으면 슬플 때도 울 수 없겠죠?
그러니까 눈물도 잘 나와야 돼요.
펑~펑!

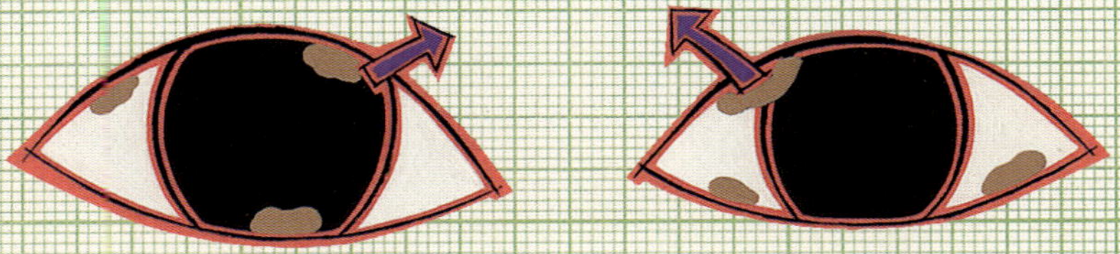

눈병에 걸리면 눈에 눈곱이 덕지덕지 끼지요.
눈에 나쁜 균이나 먼지가 들어오면
그것들과 싸우다가 만들어지는 게 눈곱이에요.

더럽지만 고마운 눈곱!
알고 보면 눈곱도 꼭 필요하지요.

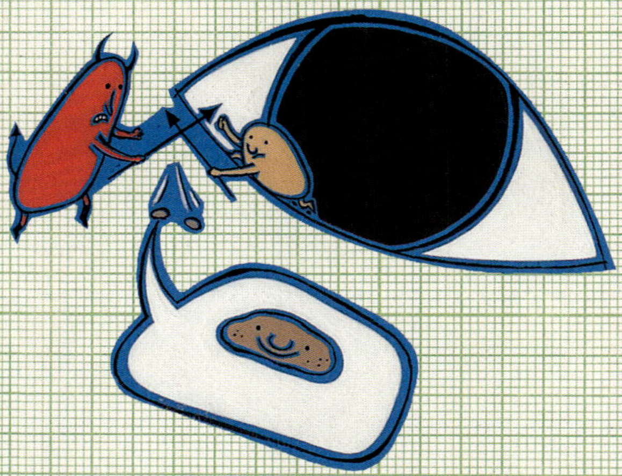

감기에 걸리면 콧물이 줄줄 흘러요.
감기를 일으키는 **바이러스***나
나쁜 세균이 들어오면
이 세균과 싸우느라고
콧물이 줄줄 흐르는 거예요.

콧물은 콧구멍에서 나오죠.

더럽지만 고마운 콧물!
알고 보면 콧물도 꼭 필요하지요.

콧속에는
코딱지가 진득진득 생겨요.

코안에는 코털이 있어요.
지저분한 먼지랑 콧물이
코털에 엉겨서 굳어진 게 코딱지예요.

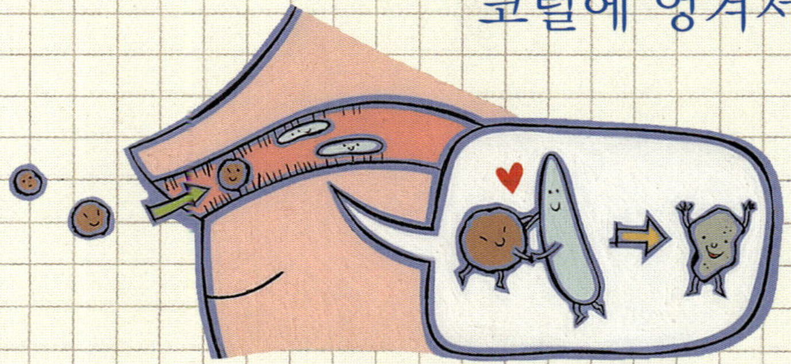

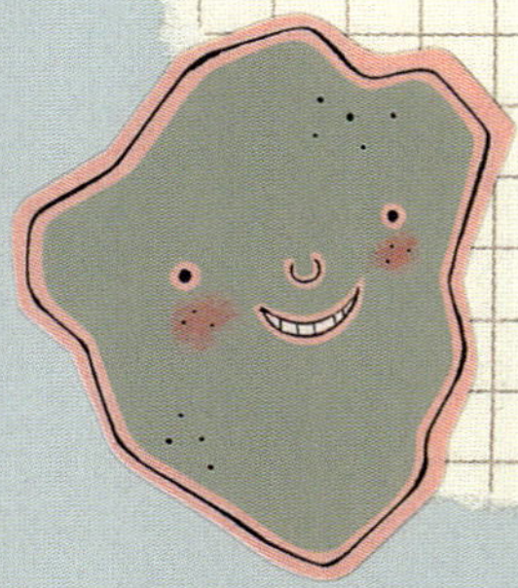

더럽지만 고마운 코딱지!
알고 보면 코딱지도 꼭 필요하지요.

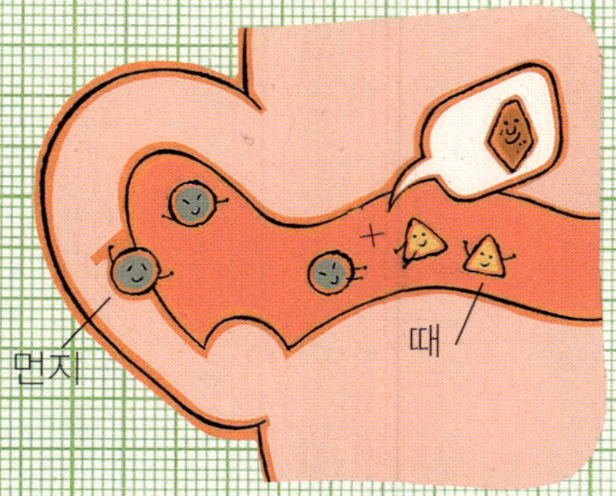

엄마가 귀를 살살 파 주면
졸음이 소르르 오지요?
귀에 생기는 때와 먼지 등이 섞여
만들어지는 게 귀지예요.

귀지는 세균이 귓속에
들어오는 것을 막아 주기도 해요.

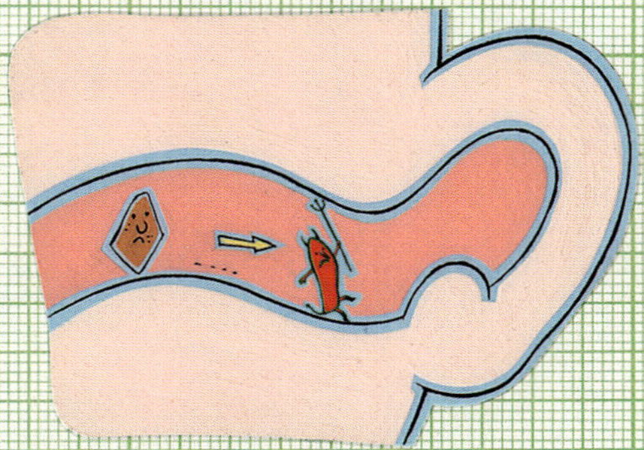

더럽지만 고마운 귀지!
알고 보면 귀지도 꼭 필요하지요?

모두 모두

콧물아!
침아!
눈물아!
코딱지야!
고마워!
눈곱아!

신나는 과학놀이

문제 음식을 먹고 난 후 우리 몸속에서 나오는 찌꺼기는 무엇일까요?

① 귀지

② 똥

③ 땀샘

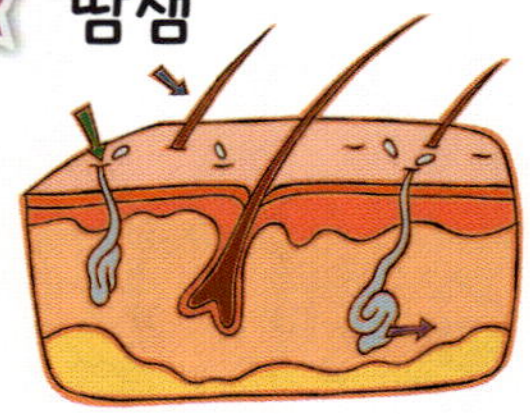

④ 침샘

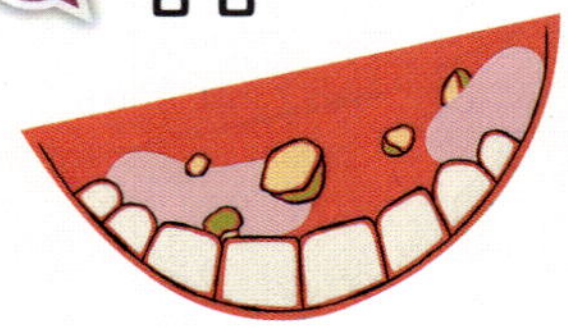

정답은? ① ② ③ ④

문제 다음 중 **틀린 말**을 고르세요.

① 공기와 함께 몸속으로 들어간 음식이 소화될 때 생기는 가스가 방귀야.

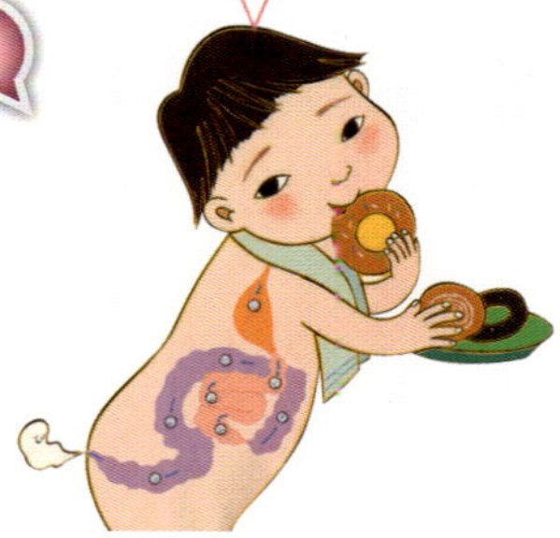

② 방귀는 냄새나니까 뀌지 않을수록 좋아.

③ 눈이 맵거나 슬프면 눈물샘에서 눈물이 나와.

④ 감기를 일으키는 바이러스나 나쁜 세균과 싸울 때 콧물이 줄줄 흘러.

정답은? ① ② ③ ④

정답: 2, 2